1781

Freddie Röckenhaus

RUSSLAND
VON OBEN

Hoffmann und Campe

Für Petra

Inhalt

TEIL 3 Vom Weißen Meer bis zum Goldenen Horn: Russlands arktische und pazifische Küsten

Russland, das größte Land der Erde – vom Himmel aus betrachtet

Aus der Vogelperspektive, wie wir den Blick aus der Höhe nennen, auch wenn die wenigsten Vögel ein Interesse daran haben, sich mit den Aufwinden in die insektenfreie Kälte des Himmels treiben zu lassen, wo man Adleraugen braucht, um von dort am Boden noch etwas Essbares zu entdecken – aus dieser Vogelperspektive also, ist alles da unten sehr weit weg. Diese Distanz hat eine ganz eigene Magie, die das Fliegen zu unserer Sehnsucht macht. Denn das Treiben auf der Erde schrumpft auf seine eigentliche Dimension. Die Nähe weicht dem Überblick.

Bei einem Land wie Russland, das von unseren Nachrichten, Zeitungen und vom rastlosen Internet meist nur noch im Nahkampf-Modus beschrieben wird, tut das Abheben gut. Aus der Höhe des Kamera-Hubschraubers verschwindet die Weltlage für eine Weile hinter dem Land, hinter dem, was länger bleibt. Die Distanz erlaubt, sich das mit Abstand größte Land der Erde mit anderen Maßstäben anzusehen, als denen der Tagespolitik, der Regierungen, der Affären. Auf der Computer-Animation hier, die in ein reales Satellitenbild eingearbeitet ist, wird der Strahlkraft der Lichter zwar ein klein wenig nachgeholfen – aber sie hilft einem zu verstehen, dass dieses auf dem Globus so endlos nach Osten und Norden driftende Russland den großen Briten Winston Churchill zu einer berühmten Nicht-Erkenntnis trieb. Russland sei, fand Churchill, »ein Rätsel innerhalb eines Geheimnisses, umgeben von einem Mysterium.« Als britischer Premier im Kampf gegen Hitler und Nazi-Deutschland und als Erzkapitalist nahm er in Kauf, sich mit dem anderen Erzfeind Josef Stalin sogar gemeinsam betrinken zu müssen, um den Pakt mit dem Generalsekretär der sowjetischen Kommunisten zu retten. Ohne Stalin hätte man Hitler nicht besiegen können.

Das Territorium der heutigen Russischen Föderation ist mit über 17 Millionen Quadratkilometern viel kleiner als das der alten Sowjetunion, aber es ist beinahe doppelt so groß wie die Flächen von Kanada, den USA oder China. Deutschland würde fast 50 Mal in Russ-

land passen. Wer montags in Moskau in den Zug steigt, kommt erst am nächsten Montag am anderen Ende Russlands an, in Wladiwostok am Pazifischen Ozean, vis-à-vis von Nordkorea.

Kein Wunder also, dass Churchill nichts als Geheimnisse sah. Der Blick aus Satellitenhöhe zeigt heute dagegen auf Anhieb das ganze Dilemma Russlands: Drei Viertel der russischen Fläche, das besonders kalte Sibirien und der ferne Osten, werden von nur 15 Prozent der Bevölkerung bewohnt. Im europäischen Viertel sind dagegen 85 Prozent der Russen zu Hause. Die Lichter von Moskau leuchten ebenso bis ins All wie die von Sankt Petersburg. Zusammen leben in diesen zwei Städten um die 20 Millionen Russen.

Aber das Land, von dem in diesem Buch die Rede sein soll, aus dem es so viele unbekannte, unerwartete Bilder zu sehen gibt, aus der Luft, mit Hubschraubern und ab und zu mit Drohnen fotografiert, und das so atemberaubend schön und endlos sein kann, es liegt dort, wo auf dem Satellitenbild keine Lichter leuchten: in der Taiga und der Tundra und den Eiswüsten, in denen man keinen Horizont mehr wahrnimmt, egal, in welcher Höhe man fliegt.

Nach einer Weile, im monotonen Brummen des Hubschraubers, verschwimmen die Bilder in Landschaften hinein, für die man das Wort »Weite« hätte erfinden müssen: Luftbilder aus Sand, aus Wald, aus Fels, aus Steppe, aus Wasser, aus Eis, aus Grün, aus roter Lava, aus Weiß oder aus den psychedelischen Farben der Salzseen oder den wuselnden braunen Fell-Variationen von 100 000 Walrossen, die dicht gedrängt an der Beringstraße auf dem Strand liegen, oder 100 000 Rentieren, die den Nomaden-Hirten von Jamal und Komi immer den richtigen Weg aufdrängen. Für sie sind Russlands Küsten die Heimat, egal, wer in Moskau oder Washington gerade regiert. Die Küsten, an denen der Permafrost regiert, haben eine ganz eigene Zeitrechnung.

Dortmund, im Oktober 2018

TEIL 1

Von Sankt Petersburg bis zum Wolgadelta:

Russlands europäisches Erbe

Geometrie versus Zufall: Die Planstadt

1703, das Jahr des Baubeginns der Festung Peter und Paul, auf der Haseninsel am rechten Newa-Ufer gelegen, wird auch als Gründungsjahr der Planstadt Sankt Petersburg gefeiert. Ganz so planvoll und allein dem Schönen verpflichtet war Zar Peter aber damals noch gar nicht. Er wollte Russland vollständig neu ausrichten, nach Europa, wo er den Fortschritt zu erkennen glaubte – vor allem in Deutschland. Ganz konkret aber träumte Zar Peter davon, Russland endlich einen Anteil an dem überaus lukrativen baltischen Seehandel mit Westeuropa zu verschaffen. Dazu brauchte Peter eine Flotte und ebenso dringend einen russischen Hafen an der Ostsee.

Die Mündung der Newa mit den beiden Flussarmen, den Nebenflüsschen und Verzweigungen war ideal, wurde sporadisch von der dominanten Seemacht Schweden für ihre Handelsschifffahrt genutzt. Peter wollte zunächst einen militärischen Brückenkopf und das unbewohnte Niemandsland endgültig für sich reklamieren. Erst in zweiter Linie lag ihm daran, ein

zweites Venedig und einen Ort der Ästhetik zu schaffen. Die Lage für eine Hafenstadt, das zeigen die Satelliten- und Luftbilder, war exzellent, auf zeitweise an die hundert Inseln und Inselchen, von denen heute noch 42 übrig sind. Auf ihnen verteilen sich alle Stadtteile. Die geraden Linien und das Schachbrett der Planstadt sind bis heute unverändert. Die Geometrie und Mathematik galten als europäisch, modern und fortschrittlich und bedeuteten die Abkehr von Zufall und Willkür.

Zwangsabgabe auf Steine

Die mit Abstand meistbesuchte Touristenattraktion Sankt Petersburgs und übrigens auch ganz Russlands ist die Eremitage. Der Gebäudekomplex entlang des Newa-Ufers und um den Palastplatz wurde immer wieder erweitert, weil die begeisterte Kunstsammlerin Katharina die Große den Platz für ihre Schätze benötigte.

Peter der Große hatte zu Beginn seines Projekts Sankt Petersburg den russischen Adel per Gesetz zum Umzug in seine neue Hauptstadt gezwungen. Jeder musste zudem Steine in die neue Stadt bringen. Steinbauten wurden in der Umgebung der Stadt verboten und waren nur noch innerorts erlaubt.

Die 48 Meter hohe Alexandersäule auf dem Platz demonstriert ziemlich schamlos, ähnlich wie die Skulpturen-Reihe auf dem Dach, dass die Kunst im wahrsten Sinne des Wortes abgehoben sein durfte. Ähnlich wie die Kunstschätze in luftiger Höhe auf Kirchtürmen und -dächern entzogen sich die Gesichter der Skulpturen dem genauen Blick der Besucher. Nur aus höher gelegenen Fenstern der umgebenden Gebäude konnte man die Figuren betrachten. Auf Luftbildern schaut man heute sogar dem Engel auf der Alexandersäule ins Gesicht.

Einkaufsmeile Newski Prospekt

Auf Sankt Petersburgs Einkaufsmeile Newski Prospekt dauern die Weihnachtseinkäufe zwei Wochen länger als bei uns in West- und Mitteleuropa. Denn das orthodox-christliche Russland feiert Weihnachten erst am 7. Januar, am Tag nach dem Besuch der Heiligen Drei Könige.

Wenn eines der um diese Jahreszeit zahllosen Schneegestöber beginnt, ist das gut fürs Geschäft. Der Strom von Russen, die endlich Geld haben und es ausgeben wollen, gelangt bei Schnee am zuverlässigsten in die Geschäfte. Der Newski Prospekt ist Russlands berühmteste Straße, wohl deshalb, weil ihr nicht einmal die konsumfeindlichen Zeiten der kommunistischen Sowjetunion den letzten Glamour rauben konnten.

Newski ist nicht nur eine vier Kilometer lange Kommerzstraße, von der Admiralität an der Newa zum Flüsschen Fontanka, zugleich liegen hier Theater, Kinos und Konzertsäle.

Im Schneegestöber bekommt die Kasaner Kathedrale etwas Surreales: Sie ist dem Petersdom so ähnlich, dass man glauben könnte, es schneie in Rom.
Der Sternenhimmel der Dreifaltigkeitskirche brannte 2006 aus und wurde anschließend restauriert. Es ist ein Irrtum, dass alles in Sankt Petersburg zu Lebzeiten des Stadtgründers Peters des Großen erbaut wurde.

560 Brücken, 42 Inseln, eine Stadt

Sankt Petersburgs Stadtfläche besteht zu zehn Prozent aus Wasser, und die historischen Stadtviertel liegen auf 42 Inseln verteilt. Die wässrige Topographie beschwört ständige Vergleiche mit Venedig und Amsterdam herauf. Allerdings stehen die Petersburger Paläste auf zuvor trockengelegten Sumpfgründen, sie sind keine Pfahlbauten. Die Newa sorgt zwar für Hochwasser, aber die Stadt hat die Gewässer mit wahren Unmengen von Granit eingedämmt.

Mit der Anzahl von Brücken stellt die Fünf-Millionen-Stadt Sankt Petersburg allerdings Venedig und Amsterdam leicht in den Schatten. Für die historischen Bezirke zählt die Stadtverwaltung 560 Brücken, nimmt man die profanen Vorstädte hinzu, sind es sogar um die 800.

Wegen der Bedeutung des Schiffsverkehrs sind viele der Brücken über die großen Gewässer Zugbrücken. Das hat traditionell zur Folge, dass manche der Pe-

tersburger Wohninseln stundenlang vom Rest der Stadt abgeschnitten werden, wenn – vor allem nachts – Brücken wie die Schlossbrücke oft über viele Stunden hochgeklappt bleiben. Auf betroffenen Inseln gelegene Hotels warnen ihre Gäste entsprechend vor.
Die architektonisch attraktivste Brücke, wen wundert es, ist die Peter-der-Große-Brücke mit ihren pittoresken, wuchtigen Türmen. Ein Kunstwerk, das nur nebenbei auch eine Brücke ist.

Fortschritt und Rückschritt

Schon für den Festungsbau hatte sich Zar Peter den Schweizer Architekten Domenico Trezzino aus Lugano im Tessin geholt. Die Kathedrale in der Mitte der Festung, die so alpin-italienisch aussieht und so bewusst auf russische Zwiebelkuppeln verzichtet, vollendete Trezzino allerdings erst nach dem frühen Tod seines Auftraggebers. Peter der Große und seine spätere Nachfolgerin, Zarin Katharina die Große, sind hier beigesetzt.

Lange nach Peter und Katharina wurde das heutige Ensemble der Stadt um weitere Baustile ergänzt. Die Jugendstil-Grazien auf dem Dach des Singer-Hauses etwa, das als Russland-Sitz des Nähmaschinen-Herstellers auf der Nordseite des Newski Prospekt 1904 gebaut wurde. Ursprünglich hatte der einen Wolkenkratzer im New Yorker Stil bauen wollen, was aber an der Vorschrift scheiterte, dass Gebäude in Sankt Petersburg nicht höher sein durften als die Breite der Straße, an der sie gelegen waren. Selbst 200 Jahre nach der Stadtgründung wurde an solchen Planungsprinzipien festgehalten. Die Auferstehungskirche von 1912, ebenfalls nahe der Newski-Prachtstraße gelegen, ist die einzige Petersburger Kirche im typisch orthodox-russischen Stil mit Zwiebeltürmen – also genau das, was Peter der Große bei seiner Stadtgründung hatte überwinden wollen. Bis dahin hatten in Sankt Petersburg nur Kirchen im italienisch-römischen Stil gestanden.

Die Newa – der 78-Kilometer-Fluss

Die Newa friert ab Dezember monatelang zu. Eisbrecher halten jetzt nur noch eine schmale Schneise durch das Eis frei. Die Newa gehört zu den wasserreichsten Flüssen Europas, und zu den kürzesten. Nur 78 Kilometer sind es vom Abfluss der Newa aus dem Ladogasee östlich der Stadt, dem größten Süßwassersee Europas. Hier entstehen wegen der ungeheuer großen abfließenden Wassermengen die besonders starken Strömungen der Newa, und der Fluss hat sich wegen der Fließgeschwindigkeit und des Wasservolumens lange auf natürlichem Wege sauber halten können. Selbst heute, bei inzwischen 5 Millionen Einwohnern, werden nicht alle Abwässer durch Klärwerke geleitet. In der Eissaison sorgt die Internationale Vereinigung der Eisschwimmer dafür, dass Bassins ins Newa-Eis gesägt werden, um ihre als Wettbewerb getarnten Mutproben auszutragen. Selbst die orthodoxe Kirche empfiehlt, nach dem russischen Weihnachtsfest, also nach dem 7. Januar, im Eiswasser zu baden und die Sünden abzuspülen. Oder sie sich abzufrieren.

Eisbaden in der Newa

Der Morgen, an dem diese Bilder entstanden, war der kälteste des ganzen Winters in Sankt Petersburg: Minus 20 Grad. Wie an jedem anderen Morgen kann das Thermometer die jungen Frauen und Männer aber nicht vom Bad in der Newa abhalten, zu Füßen der Festungsmauern der Zitadelle Peter und Paul. Morgens um halb sieben sind am gegenüberliegenden Ufer alle Paläste und die weltberühmte Eremitage taghell angestrahlt. Aber wach ist Sankt Petersburg noch nicht. Das Grüppchen, das sich hier jeden Morgen zum Eisbaden trifft, nennt sich »Walross Club«.

Die jungen Walrosse, die im Gegensatz zu ihren arktischen Namensgebern nicht in eine dicke, isolierende Speckschicht gehüllt sind, demonstrieren bei ihrem Bad im vier Grad kalten Wasser ihr Gemeinschaftsgefühl, ihre Härte, aber auch ihren jugendlichen Übermut. Wie im Freibad juchzen sie gegen die flüssige Kälte an. Eisbaden und Eisschwimmen waren in Russland immer schon populär, aber normalerweise eine eher konservative Angelegenheit. Die junge Petersburger Clique dagegen erzeugt hier die eigene innere Wärme. Für einen Moment möchte man Russland eine ganze Generation so selbstbewusster, moderner, eigenwilliger junger Menschen wünschen wie diese hier. Aber Sankt Petersburg ist so wenig Russland, wie New York Amerika ist.

Mit Atomkraft ins ewige Eis

Sankt Petersburg ist bis heute der größte Hafen und der größte Werftenstandort Russlands. Die Baltic-Schiffswerft hat sich auf den Bau von nuklear betriebenen Schiffen spezialisiert, vor allem von Eisbrechern. 2018 verließ auch das weltweit erste schwimmende Atomkraftwerk die Baltic-Werft, im Bild zu sehen in der Mitte zwischen zwei halbfertigen Neubauten von Atom-Eisbrechern in den blau-roten Farben der staatlichen Reederei Rosatomflot. Russland glaubt, dass der Schiffsverkehr in den kalten russischen Gewässern mit dem Klimawandel wachsen wird. Die Schiffswände von Tankern und Frachtern werden inzwischen so bewehrt, das sie zumindest streckenweise ohne Eisbrecher vorankommen. Das schwimmende, etwas unförmige Atomkraftwerk soll seinen Dienst im Arktischen Ozean vor dem Städtchen Pewek versehen, in der Nähe der Beringstraße, und dort das alternde Atomkraftwerk des Goldminen-Ortes Bilibino ersetzen.

БАЛТИЙСКИЙ ЗАВОД
СИБИРЬ

Die Insel mit dem deutschen Namen

Die Schlüsselburg liegt in der Flussmitte der Newa, im Abfluss aus dem Ladogasee, dem größten See Europas. Die Strömung ist hier so stark, dass von jeher ein Kanal zur besseren Schiffbarmachung angelegt wurde. Die Schlüsselburg war lange Zankapfel zwischen Schweden und Russen, aber die Festung aus dem frühen 14. Jahrhundert wurde 1702 endgültig von Peter dem Großen für das Zarenreich eingenommen. Für Peter war die Einnahme die Voraussetzung zur Gründung von Sankt Petersburg und der Auftakt seiner Mission, sich Zugang zur Ostsee zu verschaffen, was für ihn vor allem die Verbindung zu seinem Vorbild Deutschland bedeutete. Peter benannte die Festung deshalb deutsch »Schlüsselburg«.

Ironischerweise spielte im Zweiten Weltkrieg die Schlüsselburg eine wichtige Rolle beim Widerstand gegen die Blockade von Leningrad, wie Sankt Petersburg in der Epoche der Sowjetunion hieß. Die Deutschen kesselten die Stadt von September 1941 bis Januar 1944 ein und verhinderten jede Lieferung von Waren und Gütern. Es wird geschätzt, dass etwa 1,1 Millionen zivile Sankt Petersburger bei der Blockade ihr Leben verloren, durch Unterernährung und Krankheiten. Den Deutschen gelang es allerdings nie, die Newa vollständig abzuriegeln, sodass von der Schlüsselburg aus eine Restversorgung organisiert werden konnte.

Der singende Sand

Als das Kurische Haff vor dem Zweiten Weltkrieg noch zu Deutschland gehörte, schrieb Literatur-Nobelpreisträger Thomas Mann: »Alles ist weglos, nur Sand, Sand und Himmel. Man glaubt in der Sahara zu sein.« Der Sand auf dem schmalen, insgesamt 98 Kilometer langen Landstreifen, der Nehrung, wurde durch den konstanten Westwind hier abgelagert. Allerdings wuchsen die Dünen, nachdem

die Nadelwälder auf dem schmalen Nehrungsstreifen abgeholzt waren. Die mächtigsten Dünen sind etwa 75 Meter hoch. Inzwischen trägt der Wind den Sand ganz langsam wieder ab. Nun forstet man die Nehrung wieder auf, dieses Mal, um die Dünenlandschaft zu schützen, die schon seit dem Jahr 2000 Unesco-Weltnaturerbe ist.

Fischdorf und Amalienau

Erst mit dem Ende der Sowjetunion ist das deutsche Erbe Kaliningrads kein Tabu mehr. Entlang des Pregel-Flusses sind erst seit 2012 ein paar Häuserzeilen des alten Stadtteils Fischdorf samt Leuchtturm historiengetreu wieder aufgebaut worden. Inzwischen gibt es in den Restaurants wieder Königsberger Klopse – und sie dürfen als lokale Gourmet-Attraktion auch so heißen.

Die mittelalterlichen Grundmauern der historischen Festung haben die britischen Bombenangriffe 1944 ebenso überstanden wie die Bagger der neuen sowjetischen Zeit, als die kommunistische UdSSR beschloss, das alte Königsberg und seinen weitgehend eisfreien Ostseehafen strategisch gut gebrauchen zu können.

Als Königsberg nach dem langjährigen sowjetischen Staatsoberhaupt Michael Kalinin benannt wurde, und die deutsche Bevölkerung komplett vertrieben und ausgesiedelt war, erstreckte sich das Territorium der Sowjetunion durchgängig bis hierher. Villen-Stadtteile wie Amalienau und Maraunenhof waren im Krieg

nicht zerstört worden und dienten als gehobene Wohngegend für russische Offiziere und Beamte. Zeitweilig verfolgten Russlands Regierende den Plan, Kaliningrad zu einer Wirtschaftszone mit Sonderstatus zu wandeln, eingerahmt von den beiden EU-Ländern Litauen und Polen. Die Entfernung von Kaliningrad nach Berlin, rund 550 Kilometer Luftlinie, ist nur halb so groß wie die nach Moskau. Eine Zeitlang gab es gar Visa-Befreiung für EU-Bürger, die kein Visum mehr benötigten, um nach Kaliningrad einzureisen.

Kants Kirche

Der Königsberger Dom auf der Pregelinsel verdankt sein Überleben vermutlich dem Grabmal von Immanuel Kant. Das liegt auf der Rückseite des bei den britischen Bombenangriffen ausgebrannten Gebäudes. Wegen Kants Bedeutung für die Schriften von Karl Marx und Friedrich Engels trauten sich die sowjetischen Verwalter nicht, die Ruine des Doms komplett dem Erdboden gleichzumachen – wie mehrfach geplant. Nach dem Ende der Sowjetunion wurde der Dom zwischen 1992 und 1998 wieder aufgebaut.

OMEGA

Die Lichter der Großstadt

Dass Energiekosten im Energieland Russland eine untergeordnete Rolle spielen, wird nirgendwo so sichtbar wie im Himmel über Moskau. Der Fernsehturm Ostankino oder die Wolkenkratzer von Moskau City schauen leuchtend auf ein wahres Lichtermeer am Boden. Dabei erinnert die futuristische Konstruktion des Fernsehturms an Science Fiction-Filme wie *Blade Runner*. Der Turm mit seinen 536 Metern Höhe war eine Zeitlang das höchste Gebäude der Welt. Konstruiert wurde er vom selben Architekten, der nur gut zehn Jahre zuvor das epische, höchst gegenständliche Stalingrad-Mahnmal »Mutter Russland« in Wolgograd gebaut hat: Nikolai Wassiljewitsch Nikitin.

Moskau City, konzipiert als eine Art World Trade Center, liegt im Moskwa-Bogen, fünf Kilometer vom Kreml entfernt – eine Art moderne Variante der Planstadt Sankt Petersburg. Die verglasten Fassaden sind so aufeinander abgestimmt, dass ihre Spiegelungen in Interaktion miteinander scheinen. Bisher sind 19 Riesen entstanden, sechs von ihnen sind über 300 Meter hoch. Kaum weniger als in Manhattan.

Disneyland am Roten Platz

Jedes Jahr in der Vorweihnachtszeit sponsert das Kaufhaus GUM eine Freiluft-Eisbahn auf dem Roten Platz. GUM steht für für Glawny Uniwersalny Magasin, was so viel wie Hauptwarenhaus bedeutet. Früher verbarg sich hinter der Abkürzung jedoch Gossudarstwenny Uniwersalny Magasin – das Staatswarenhaus. Die vermeintliche Weihnachtsbeleuchtung aus 7000 Glühbirnen des GUM brennt in Wirklichkeit das ganze Jahr, ein bisschen wie bei Harrod's in London, wie überhaupt das meiste, was man in Moskau für Weihnachtsdekoration hält, in Wahrheit das ganze Jahr über strahlt. Die Eisfläche und der benachbarte Weihnachtsmarkt verschwinden jedoch nach dem 7. Januar wieder, dem russischen Weihnachtstermin. Der Rote Platz wird gebraucht.

Das Geheimnis der Basilika

Mit den Zwiebeltürmen der Basilius-Kathedrale, den Backstein-Türmchen des Moskauer Stadtmuseums, der turmbewehrten Kreml-Mauer und den diversen Türmen dahinter, im eigentlichen Kreml, entsteht der Eindruck, dass es nicht mehr russischer werden kann. Der Präsident der Russischen Föderation residiert am entgegengesetzten Ende des Kreml. Flüge – und damit Luftaufnahmen – werden über dem Roten Platz nur selten erlaubt, wohl auch, um den Luftraum für die Hubschrauber der Politprominenz frei zu halten. Dabei halten sich die Geheimnisse an diesem Ort in Grenzen. Immerhin: Nur von oben erkennt man die überraschend strenge geometrische Anordnung der neun Zwiebeltürme der Basilius-Kathedrale, des architektonischen Wahrzeichens des ganzen Landes.

Stalins sieben Schwestern

Architektur spricht immer, aber am lautesten dort, wo sie sprechen soll. Das galt für New Yorks Twin Towers wie für den Petersdom in Rom, es gilt für Einfamilienhaus-Siedlungen und für den Place de la Concorde. In Sankt Petersburg wollte Peter der Große die neue Ausrichtung Russlands nach Westen propagieren. Und die berühmten sieben Zuckerbäcker-Hochhäuser sollten in der sowjetischen Hauptstadt von der auch ästhetischen Überlegenheit des Sozialismus künden. Die Türme prägten bis vor kurzem die Skyline Moskaus.

Stalin schuf mit den »Sieben Schwestern« zwischen 1947 und 1957 ein unübersehbares Zeugnis seiner Herrschaft. Die »Stalin Hochhäuser«, sind so etwas wie ein Gegenentwurf zur Formensprache der Moderne und hätten – abgesehen von den oft verwendeten Hammer-und-Sichel-Emblemen – ebenso gut am Central Park stehen können. Was wohl bewiesen werden sollte.

Zu den »Sieben Schwestern« gehören unter anderem das Hotel Ukraina, direkt am Bogen der Moskwa, das

Hauptgebäude der Moskauer Universität Lomonossow und das Apartmenthaus an der Kotelnitscheskaja-Uferstraße, mit 540 Luxus-Wohnungen für besonders verdiente Sowjetbürger. 1953, gleich nach dem Tod Stalins, wurde das Wolkenkratzer-Programm eingestellt.

Schöner Wohnen

Moskau wächst und wächst in das Umland hinein. Während in vielen Megastädten die Lagen an der Peripherie immer unattraktiver werden, kauft sich Moskaus neuer Mittelstand gerne in den Randlagen ein. Die Staus, die das Klischee der selten freien Freeways von Los Angeles inzwischen längst übertreffen, gehören dazu. Man nimmt sie scheinbar in Kauf, um am Stadtrand in Hochhaus-Apartments den Fernblick zu genießen oder in Landhäuser ohne allzu viel Land zu ziehen. Den Traum vom Eigenheim gibt es hier wie überall – und doch ganz anders.

Goldener Ring

Den Status als Unesco-Weltkulturerbe hat sich das ungefähre Dutzend an Städten und Städtchen redlich verdient. Östlich und nordöstlich von Moskau wird die weltweit größte Dichte an Zwiebeltürmen gehegt und gepflegt. Erfunden wurde der Begriff »Goldener Ring« ausgerechnet zu Sowjetzeiten. Auf der steten Jagd nach West-Devisen kamen kommunistische Tourismus-Entwickler auf die Idee, Rundfahrten durch die pittoreske Landschaft und zu den ultimativ russischen Städtchen zu organisieren. Das hatte den Vorteil, dass die notorischen Geheimniskrämer des KGB (und dreier weiterer Geheimdienste) die West-Touristen nicht unkontrolliert ins russische Gelände lassen mussten. Rostow Veliky (Rostow am Nerosee) wird schon 862 erwähnt und war lange vor Moskau einmal der Sitz der ersten Herrscherfamilie Russlands. Und ist heute ganz und gar unbedeutend.

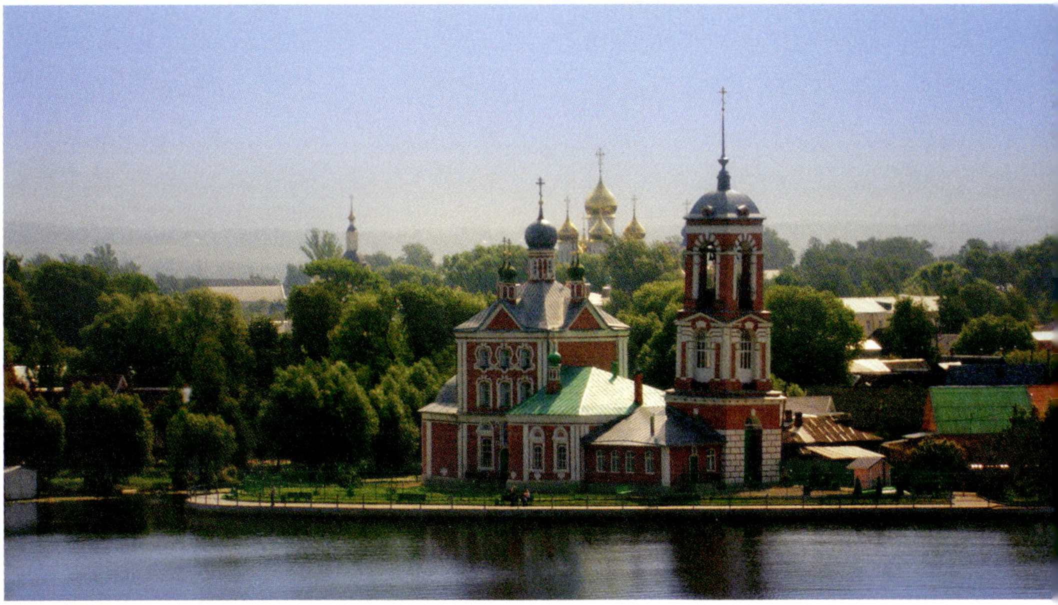

Moskaus Aufstieg verschlafen

Das 12 000-Einwohner-Städtchen Suzdal ist der vielleicht am besten erhaltene Ort am Goldenen Ring. Als die Transsibirische Eisenbahn gebaut wurde, sollte die Trasse zuerst an Suzdal entlang führen. Doch dann entschied man sich für die Route über Wladimir, 35 Kilometer entfernt. Und so verschlief Suzdal das 20. Jahrhundert.

Die mittelalterlichen Handelsstädte haben einst die Eroberungen und Entdeckungsreisen nach Sibirien mitfinanziert, dann jedoch den Aufstieg Moskaus zum einzigen und dominanten Zentrum regelrecht verschlafen. Der Wohlstand jener Epochen aber scheint noch immer aus den Häusern zu dunsten. Praktisch alle Städtchen sind um einen Kreml entstanden, also einer Befestigungsmauer rund um die wichtigsten Gebäude. Vor allem die versteckte Lage in den damals undurchdringlichen Wäldern schützte die Bewohner vor den berüchtigten Attacken räuberischer Mongolen.

Ein Fluss wie ein Meer

Vom längsten Fluss Europas, der sich 3500 Kilometer lang so unaufhaltsam durch das Land wälzt, haben Generationen von selbsternannten Philosophen behauptet, er präge die oft beschworene russische Seele. Das wird sich schwer belegen lassen. Jedenfalls leben an der Wolga und ihren 200 Nebenflüssen etwa 25 Prozent aller Russen.

Selbst riesige Flussschiffe wirken auf dem mächtigen Strom wie Nussschalen, wenn sie auf die Industriestadt Nischni Nowgorod und ihre eine Million Einwohner zustampfen. Zugleich thront der historische Kreml der alten Handelsstadt mit seinen Backstein-Mauern über dem Fluss. Eine russische Redensart aus der Zarenzeit besagt, Sankt Petersburg sei der Kopf Russlands, Moskau das Herz und Nischni Nowgorod sei die Geldbörse. Auf dem Weg flussabwärts nach Kasan künden die Zwiebeltürme des Himmelfahrts-Klosters Petscherski von dem einstigen Reichtum.

Die Wolga, so sagt man in Russland, bestehe aus Unmengen von Wasser – aber aus noch mehr Himmel.

Das hat allerdings eher topographische als metaphysische Gründe. Der Fluss entspringt in der Waldai-Region im Norden auf kaum mehr als 200 Meter Höhe über dem Ostseespiegel. Die Mündung liegt auf 28 Meter unter Ostseelevel. Rechnerisch gleicht die Wolga auf ihrer endlosen Reise einem stehenden Gewässer: 0,7 Zentimeter Gefälle auf einen Kilometer Flusslänge. In der fast immer flachen Umgebung entsteht der Effekt eines endlos weiten Himmels.

Der wichtigste Grund für die Sympathien für die Wolga ist aber ganz einfach: Als Handelsweg hat sie immer auch das Geld mitgeschwemmt. Schon die alten Schweden nutzten sie als Seeweg nach Persien, später ließ Peter der Große den Wolga-Ostsee-Kanal bauen, um die Wasserstraße an Sankt Petersburg und die Ostsee anzubinden. Kanäle verbinden die Wolga auch mit Schwarzen Meer und damit dem Mittelmeer.

Der Vielvölkerstaat

Die prächtige Kul-Scharif-Moschee mit ihren türkisfarbenen Minaretten suggeriert ein gewaltiges Alter. In Wahrheit wurde die zweitgrößte Moschee Europas erst 2005 fertiggestellt. Benannt ist sie nach Kul Scharif, dem letzten Khan von Kasan. Kasan, damals islamisch, leistete gegen die Übernahme durch das russische Zarenreich erbitterten Widerstand. In diesem Sinn ist die Moschee ein Zeichen alter Identität. Kasan ist die offizielle islamische Hauptstadt Russlands. Der Vielvölkerstatus der Russischen Föderation geht bisweilen in der zahlenmäßigen Übermacht der Russen unter. Nur geschätzte vier Prozent der Gesamtbevölkerung Russlands sind »nicht russisch«. In der Föderationsrepublik Tatarstan aber, deren Hauptstadt Kasan ist, sind die Anteile annähernd hälftig verteilt. Kasan gilt als Ausgangspunkt des Vielvölkerstaats,

denn als Zar Iwan der Schreckliche 1552 nach langer Belagerung die Stadt eroberte, war Kasan die erste nicht-russische Stadt, die dem Zarenreich einverleibt wurde.
Gleich neben den Minaretten der Moschee stehen im prächtigen Kreml der Stadt orthodox-christliche und auch europäisch-katholisch anmutende Kirchtürme. Kasan rechnet sich den Ausgleich der Religionen als besondere Errungenschaft an, was den Buddhismus und den jüdischen Glauben ebenfalls einbezieht. Den Kreml ließ Zar Iwan der Schreckliche nach seinem Sieg bauen. Kasan wurde zur strategischen Festung gegen angreifende Mongolen aus dem Süden, nur 800 Kilometer von Moskau entfernt.

Mutter Russland

Die Arbeit der Reparaturkolonne, die an diesem Tag auf Mutter Russland herumturnt, geht nie zu Ende. Kaum sind die ewigen Risse im Beton an der Schulter der kolossalen Frauenskulptur repariert, da bröselt es am Ellbogen oder im Dekolleté. Zudem droht die Kriegerin gänzlich umzukippen. Kein Wunder, bei 85 Meter Höhe von der Schwertspitze bis zur Sohle, und bei geschätzten 8000 Tonnen Gewicht. Allein das Schwert soll 14 Tonnen wiegen und ist 33 Meter lang. Mutter Russland wurde aus Stahldraht vorgeformt, und dann mit flüssigem Beton aufgespritzt. Der Bildhauer Jedwegi Wutschetitsch soll den muskulösen Körper einer russischen Diskuswerferin zum Vorbild genommen haben – und die Gesichtszüge seiner Frau. Die monumentale Frauenfigur ist doppelt so groß wie die Figur der viel berühmteren Lady Liberty, der Freiheitsstatue von New York, die nur wegen ihres hohen Sockels auf eine ähnliche Höhe emporragt.

Die Arbeiter können im Inneren der Statue (auch: »Mutter Heimat ruft«) auf Treppen aufsteigen und durch eine Luke in rund 55 Metern Höhe auf den Betonschädel gelangen. Mutter Russland schwingt ihr Schwert seit den sechziger Jahren über Wolgograd, der Millionenstadt an der Wolga. Den meisten Nicht-Russen sagte der alte Name der Stadt allerdings mehr. Ihr heute fast gespenstischer Name war Stalingrad.

Natürlich erinnert Mutter Russland an die Schlacht von Stalingrad und damit an eine der fürchterlichsten Tragödien des Zweiten Weltkriegs. Sie wurde später als psychologischer Wendepunkt des Krieges interpretiert, weil hier die Soldaten Nazi-Deutschlands im Winter 1942/43 erstmals zurückgeschlagen wurden. Wenn auch unter schrecklichen Verlusten auf beiden Seiten. 200 000 deutsche Soldaten ließen hier ihr Leben, sinnlos und fern der eigenen Heimat. Und weit über eine Million Russen starben bei der Verteidigung ihres Landes. Wolgograd kennt daher keine alten Häuser. Alles wurde auf den Trümmern neu gebaut.

Ruinen als Mahnmal

Die Statue steht auf dem Mamajew-Hügel, der während der Kämpfe um Stalingrad eine strategische Rolle spielte, weil die wichtigen Industriegebiete der Stadt (Stalingrad hatte ein Stahlwerk, eine Munitionsfabrik und eine Traktoren-Produktion) und die dicht bebauten Wohngebiete hier aufeinandertrafen.
Am Ufer der Wolga ist das Panorama-Museum als Erinnerungsstätte eingerichtet. Neben der Museums-Rotunde wurde ein Teil der Ruinen als Mahnmal stehen gelassen: Die alte Dampfmühle des Industrieunternehmers Alexander Gerhardt, der zur großen deutschen Minderheit der Wolgadeutschen in der Region gehörte. In der Bevölkerung der Industriestadt gibt es eine große Anzahl von Befürwortern der Rückkehr zum früheren Namen Stalingrad.

ЛЕДИ ЛЕЙЛА
ТАГАНРОГ
LADY LEILA
TAGANROG
RUS

Russischer Orient

Über tausend Kilometer stromabwärts von Kasan liegen über Astrachan schon die Düfte des Orients. Auch hier stehen orthodoxe, westlich-christliche und muslimische Gotteshäuser nebeneinander. Schon um das Jahr 600 wird die Stadt als fragiler Treffpunkt von Westen und Osten erwähnt, als Eingangstor zum Orient. Vor allem der Handel mit Persien und die Nebenstrecke der Seidenstraße nach China und Indien machten Astrachan zum wichtigsten Warenumschlagsplatz am Ende der Wolga.

Die Schornsteine von Astrachans Öl- und Naturgas-Raffinerien ragen nachts taghell erleuchtet in den Himmel der Umgebung. Von hier aus werden mit wuchtigen russischen Mi-8-Hubschraubern die Bohrinseln im nahen Kaspischen Meer versorgt. Der Seeweg macht hier den Iran zum Nachbarn, ebenso die ehemaligen Sowjet-Republiken Kasachstan, Turkmenistan und Aserbaidschan mit der Öl-Metropole Baku.

Die Wolga aus dem All

Die ganze untere Wolga liegt inmitten einer Steppenregion. Auf dem hochauflösenden Satellitenbild erkennt man, wie die Wassermassen der Wolga durch eine beinahe wüstenartige, extrem niederschlagsarme Steppenlandschaft fließen. Wie ein Pfannenstiel sieht der Flussverlauf mit seinem grün-feuchten Uferstreifen aus, der sich durch die ausgetrockneten Steppen wälzt.

Weite Wasserwelten

Wenige Kilometer südlich der Hafenstadt Astrachan ergießt sich der Strom in einen scheinbar endlosen Urwald aus Schilf und Gras. Der Begriff »Weite« könnte für das Wolgadelta erfunden worden sein.

Die größte Delta-Landschaft und zugleich das größte noch halbwegs intakte Auenökosystem Europas ist vielfach größer als die Mündungen der Donau und der Rhône. Auf fast 200 Kilometern Breite fließen und sickern die Wassermassen der Wolga in kleinen und kleinsten Kapillaren auf das Kaspische Meer zu, aber an unzähligen Stellen ist der Fluss auch hier noch 20 Meter tief. Nirgendwo in Europa gibt es mehr Fischreichtum.

Im langen Sommer ist das Wolgadelta die zeitweilige Heimat von 10 Millionen Wasservögeln. Die Pelikane und Löffler aus Kasachstan brüten hier, die Sing-

schwäne von der polaren Küste bringen ihre Jungen im Frühsommer mit und bleiben selbst von Dezember bis April, wenn das ganze Wolgadelta mitsamt des nördlichen Kaspischen Meeres zufriert. Die Kraniche kommen zu Stippvisiten, ebenso die Kormorane.

Die Antilopen Russlands

Die Steppen von Kalmückien gehören zu den niederschlagsärmsten Regionen Europas. Mit der monatelangen Trockenheit haben die Saiga-Antilopen allerdings zu leben gelernt, und sich so diesen Lebensraum erobert. Saigas sind, vereinfacht ausgedrückt, Antilopen mit einer enormen Nase. In den brütend heißen Sommern können sie den Staub abwehren, und im Winter die extrem kalte Luft vorwärmen.

Die Bestände der Saigas gehen trotz der Hilfsprogramme drastisch zurück. 2016 und 2017 forderte ein Virus hohe Verluste unter der Population. Trotzdem gelingt es in Russland am besten, den Antilopen des Nordens das Leben zu erleichtern. In China und der Mongolei sind die Tiere längst ausgestorben, im benachbarten Kasachstan leiden sie unter Epidemien und Klimawandel wesentlich mehr.

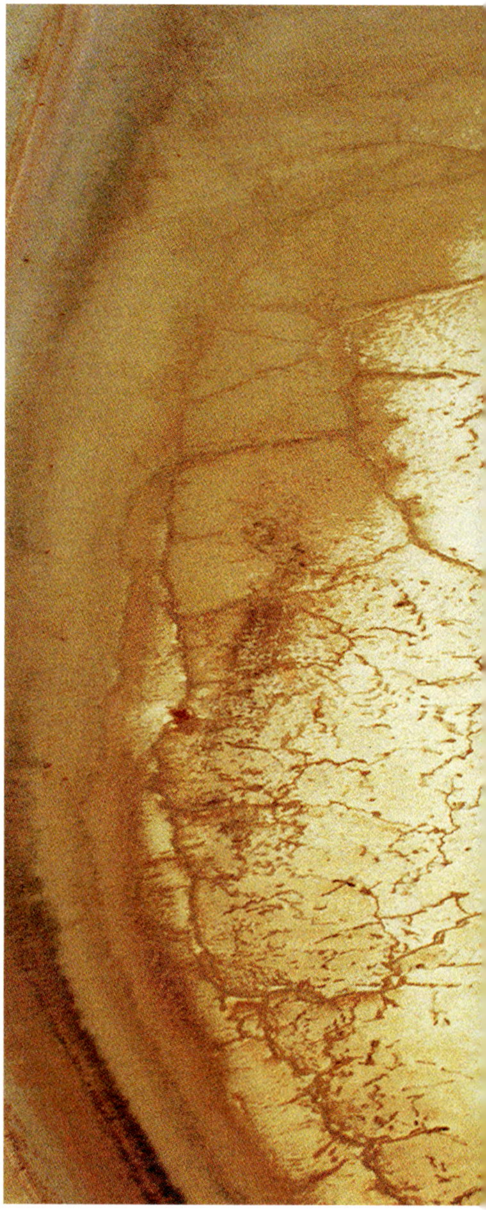

Die glitzernden Farben ewiger Kristalle

In den Steppen Kalmückiens haben sich riesige Salzseen und Salzpfannen gebildet. Der Wasserspiegel des Kaspischen Meeres, das als salziger Binnensee keine Verbindung zu einem Ozean hat, lag einst wesentlich höher. Beim Rückzug hinterließ das Wasser Unmengen von Salzkristallen, die nun in allen Farben glitzern. Inzwischen nähern sich die jährlichen Niederschlagswerte jenen 150 Millimetern pro Jahr an, die für Wüstenregionen typisch sind. Experten warnen davor, dass Südrussland in weniger als hundert Jahren eine einzige Wüstenregion sein dürfte. Vogel- und Artenschutzgebiete, wie der 150 Kilometer lange und 15 Kilometer breite Salzsee von Manych-Gudilo, versalzen und verlieren zunehmend Wasseroberflächen.

Die russische Riviera

Seit den Olympischen Winterspielen 2014 ist Sotschi nicht mehr recht einzuordnen. Eigentlich liegt Russlands beliebtester Wohnort auf dem Breitengrad von Saint-Tropez und klimatisch sogar ganz offiziell in den Subtropen. Die Winterspiele erklären sich durch die Nähe zu den ersten, gleich sehr hoch ansteigenden Bergketten des Kaukasus. Die »russische Riviera« an der Schwarzmeerküste ist dabei so widersprüchlich, wie Touristen-Hochburgen überall auf der Welt wohl sind. Der alte Kern mit einem adretten Yachthafen ausgerechnet aus Sowjetzeiten, die nicht gerade fürs Segeln bekannt waren, erinnert an Seebäder in Italien oder an die Krim, die nur ein paar hundert Kilometer westlich liegt, mit Zypressen und Palmen und üppig überwucherten Villen-Grundstücken.

Fata Morgana am Elbrus

Fast wie eine Fata Morgana scheint der schneeweiße Elbrus am Horizont zu verschwimmen, zwischen den grasbewachsenen Hügeln der Vorberge des Kaukasus und dem Wust von Wolken, die an seinen beiden Gipfeln verlässlich aufgespießt werden. Der höchste Berg Europas, 5642 Meter hoch, ein erloschener Doppelvulkan mit seinen beiden Kratern, hebt sich ähnlich massiv von seiner gebirgigen Umgebung ab, wie sonst noch der Fujiyama in Japan oder der Kilimandscharo in Afrika. Ob der Elbrus noch Europa zuzurechnen ist oder schon zu Asien gehört, darüber sind sich Geographen uneins. Auch sonst scheiden sich am Kaukasus viele Geister. Der gewaltige Gebirgsstrang des Kaukasus ist über 1100 Kilometer lang, ähnlich wie die

Alpen, zwischen der Nordseite des Schwarzen Meeres und der Westseite des Kaspischen Meeres, zwischen Europa und Asien, Christentum und Islam, Okzident und Orient. Und der Elbrus schwebt darüber.

Nirgends mehr Gletscher

Im Hochsommer, Mitte August, sieht man die Zunge des Irik-Gletscher am besten, wie sie eisig und unmerklich von den Elbrus-Gipfeln zu Tal schleckt. Der Irik ist einer von 22 Gletschern dieser Größe, die es am Elbrus-Massiv gibt. Über viele Jahre glaubten selbst Glaziologen, dass der Klimawandel dem Elbrus nichts anhaben könne. Die in jedem Winter europaweit höchsten Schneefälle würden die beschleunigte Schmelze während des Sommers ausgleichen. Inzwischen aber schockieren die Wissenschaftler mit

ganz anderen, alamierenden Zahlen. Vor allem auf der Südseite haben die Elbrus-Gletscher 50 und mehr Prozent in der Eisdicke verloren, und viele sind auf 60 Prozent ihrer früheren Längen abgeschmolzen.

Bergsteiger am Elbrus

In kleinen Karawanen sind Bergsteiger an guten Sommertagen auf den Flanken des Elbrus unterwegs, wie Ameisen auf nicht enden wollendem Weiß; in betont langsamen Schritten, meisten unter der Obhut eines einheimischen Bergführers, steigen jedes Jahr um die 15 000 Bergsteiger auf den Elbrus. Doch der Berg ist tückisch. In jeder Sommersaison bezahlen 15 bis 30 Bergsteiger den Aufstieg mit dem Leben. Unterschätzt wird die extreme Höhenlage mit ihrer dünnen Luft und dem Sauerstoffmangel, dem man in keinem anderen europäischen Klettergebiet so stark ausgesetzt ist.

Kaukasische Steinböcke

Fast könnte man es als Ironie der Natur betrachten. Denn in der Vielvölkerregion Kaukasus, mit all ihren ethnischen Auseinandersetzungen, mit ihren 50 Völkern und Volksgruppen und mindestens ebenso vielen Sprachen, und mit all ihren verschwommenen Grenzlinien zwischen Orient und Okzident, zwischen Christentum und Islam und mit scheinbar endlosen Grenzdebatten, in so einer Region wollen offenbar nicht einmal die Steinböcke nur einer einzigen zoologischen Art angehören. Die Tiere auf unserem Bild sind Exemplare des Westkaukasischen Steinbocks, weiter östlich, vor allem in Dagestan, lebt dagegen der Ostkaukasische Steinbock. Beide, so die Biologen, haben zoologisch trotz ihrer äußeren Ähnlichkeiten nicht viel miteinander gemein. Im Sommer sind die Kaukasus-Steinböcke auf Höhenlagen ab 3000 Metern unterwegs, und Sauerstoffprobleme wie die menschlichen Bergsteiger haben sie dabei nie. Die männlichen Tiere stromern jetzt in der Gruppe miteinander in den Geröllfeldern herum, während die weiblichen Steinböcke der Kolonie gemeinsam mit der Aufzucht des Nachwuchses beschäftigt sind. Die Territorien der beiden Steinbock-Arten sind weit voneinander entfernt.

Die Türme von Inguschetien

Mysteriöse Türme geben fast überall Rätsel auf, auch in der kleinen Kaukasusrepublik Inguschetien. Seit ein paar Jahren werden viele der im Laufe von Jahrhunderten zerstörten Türme wieder aufgebaut, und man erkennt die Muster ihrer Anordnung wieder. Seit die Mongolen vor beinahe tausend Jahren die Dörfer von Inguschetien immer wieder überfielen und plünderten, begannen die Inguschen Wehrtürme zu bauen. Meistens baute jede Familie mindestens einen Turm, um sich im Notfall dorthin zurückziehen zu können.
In manchen Tälern stehen die Wehrtürme in Sichtlinien zueinander, sodass Nachrichten mithilfe von Licht- oder anderen Signalen weitergeleitet werden konnten. Inguschetien ist heute nicht nur die kleinste aller russischen Föderationsrepubliken, die Bevölkerung von allerdings kaum mehr 400 000 besteht inzwischen zu

fast hundert Prozent aus Inguschen. Das ist außergewöhnlich, weil in den meisten anderen Republiken die Russen sehr bedeutende Teile der Bevölkerung ausmachen oder zumindest die Mehrheit darstellen. Die Inguschen lebten seit Alters her ohne übergeordnete Fürsten als Anführer.

Armes Dagestan

Die Tschirkei-Talsperre in Dagestan zählt, mit einer Scheitelhöhe von über 230 Metern, zu den imposantesten Staudämmen Russlands. Wegen der immer wieder aufflammenden Anschläge aus islamistischem Hintergrund gehört das Talsperrenbauwerk zu einem Hochsicherheitsbereich. Dagestan hat einen islamischen Bevölkerungsanteil von 96 Prozent und ist zugleich mit einer offizielle Armutsquote von 56 Prozent die ärmste aller Regionen in Russland.

TEIL 2

Vom Ural bis zum Kältepol:

Russlands sibirische Reichtümer

Manpupuner – das Stonehenge des Ural

Der Eingang zu Sibirien liegt gleich hinter dem Ural. Obwohl wir alle gelernt haben, dass genau hier die Grenze zwischen den Kontinenten Europa und Asien verläuft, gibt der Ural mit seinen gehobenen Mittelgebirgshöhen nicht wirklich eine Grenze her. Zu ähnlich sind sich hier das europäische Russland und der asiatische Teil. Und doch quert praktisch keine der Straßen von Moskau oder Sankt Petersburg das 2400 Kilometer lange Uralgebirge. Aber mitten im Ural gibt es dennoch so etwas wie einen stummen Grenzposten. Seit 200 Millionen Jahren halten dort, in der Nähe der Quelle des Petschora-Flusses, die Manpupuner-Felsen Wache. Sie sind die Überbleibsel einer endlosen Erosion des Gebirges, Wind und Wetter trugen es Stück für Stück ab. Übrig blieben nur die Säulen aus extrem hartem Quarzschiefer. Die Felsen ragen bis zu 45 Meter auf und geben der Stätte eine Aura, wie man sie von Stonehenge in Südengland zu kennen glaubt.

Vom Güterzug zum Luxuszug

Wer heute das Gleisdickicht beim Jaroslawler Bahnhof in Moskau durchfährt, der ist eingestiegen in einen Zug der Transsibirischen Eisenbahn. Der Passagier wird möglicherweise in einem luxuriösen Abteil schlafen, und das Dinner in einem Prachtstück von einem Eisenbahnwaggon serviert bekommen. Bis zur Pazifikküste nach Wladiwostok sind es von hier aus 10 000 Kilometer Schiene, und die Reise dauert ziemlich genau eine Woche.

Als die Trasse der Transsibirischen Eisenbahn, heute die berühmteste Eisenbahnstrecke der Welt, ab 1891 gebaut wurde, ahnte niemand, dass es eines Tages ein dekadentes Vergnügen werden könnte, tagelang im Zug zu sitzen und durch monotone sibirische Landschaften zu rumpeln. Tourismus gab es noch nicht. Das Zarenreich brauchte vielmehr die Eisenbahnstrecke, um endlich in großem Stil die Reichtümer aus den Minen und Abbaugebieten Sibiriens dorthin zu bringen, wo man sie weiterverarbeiten oder verkaufen konnte.

Bis die Strecke 1916 mit dem Bau der Brücke über den chinesisch-russischen Grenzfluss Amur bei Chabarowsk einen ersten Abschluss fand, ging es ausschließlich um Güterverkehr. Der spätere kommunistische Staatsgründer Lenin hatte schon 1914 Russland als »zweitgrößte Kolonialmacht der Welt« bezeichnet, nur noch übertroffen von England.
Die Linie, die von Moskau aus an den Handelsstädtchen des heutigen Goldenen Rings vorbeiging und dann über Nischni Nowgorod, Nowosibirsk, Krasnojarsk, Irkutsk, den Baikalsee, Ulan-Ude und schließlich Chabarowsk Richtung Pazifik verlief, hatte also zunächst wenig Interesse an Passagieren.

Die Eisenbahn gebiert eine Stadt

Die Brücke über den breiten sibirischen Fluss Ob war die erste, die überhaupt über den 2000 Kilometer langen Strom gebaut wurde. Nowosibirsk ist vielleicht das beste Beispiel, wie die Transsibirische Eisenbahn die Besiedlung Sibiriens erst möglich machte. Die Stadt war schon zu Sowjetzeiten das wichtigste Forschungs- und Wissenschaftszentrum Russlands. Es wurde wohl zu Recht unterstellt, dass die UdSSR geheime Forschungen am liebsten hier in Sibirien durchführen ließ, weitab von allen Landesgrenzen. Die Stadt ist mit 1,3 Millionen Einwohnern inzwischen die drittgrößte des Landes, nur übertroffen von den beiden Giganten Moskau und Sankt Petersburg. Aber trotz der wissenschaftlichen Karriere von Nowosibirsk scheint sie sich noch immer als Stadt der Eisenbahner zu gefallen. Überall werden alte Lokomotive und Bahnwaggons ausgestellt, und der mintfarbene Anstrich des Bahnhofs geht wohl auch nur in einer Stadt wie dieser.
Es werden immer noch ab und an Brücken über den Ob gebaut. Noch immer sind es nicht viele, weil der Aufwand enorm bleibt. Die Schönste von Nowosibirsk ist inzwischen, was für eine Schande, eine Autobahnbrücke mit einem knallroten Stahlbogen.

Stationen der Transsib

In Irkutsk hat man vom Bahnhof die schönste Aussicht auf die Angara, den einzigen Abfluss des Baikalsees. Zu den pittoresken Strecken gehören auch die Abschnitte entlang des Baikalsees. Am Endpunkt der transkontinentalen Eisenbahnfahrt laufen die Züge im Bahnhof von Wladiwostok ein. Von hier gibt es einen organisierten Transit zu den Fähren nach Korea und Japan.

Л
4429

Taiga – 6000 Kilometer nichts als Wald

Einige hundert Kilometer nördlich von Nowosibirsk, den Ob stromabwärts, der unterwegs zum Arktischen Ozean ist: Hier fließt der Ob nur noch durch menschenleere Taiga. Hier ist Sibirien so, wie man es sich vorstellt. Russischer kann keine Landschaft sein.

Die Russische Taiga ist das größte Waldgebiet der Erde – 6000 Kilometer vom Ural bis zum Pazifischen Ozean – und ist dabei so unendlich und verwunschen wie nur noch wenige Orte auf dieser Erde.

Die Einförmigkeit der Taiga, in der sich im Normalfall nur vier Baumarten abwechseln, nämlich Fichten, Kiefern, Tannen und Lärchen, hat mit ihren heftigen Klimabedingungen zu tun. Diese Art endloser Nadelwälder gibt es nur auf der Nordhalbkugel der Erde, und vor allem die weite Kontinentalmasse Russlands mit schneereichen Wintern, Permafrostböden und vielen Sümpfen in der kurzen sommerlichen Tauphase ermöglichen den Vegetationstypus Taiga überhaupt.

Seeadler streifen an den oft namenlosen Flüssen und Seen entlang. Während der schmale Strang der Transsibirischen Eisenbahn nur den Süden Sibiriens erschließt, gibt es hier, mindestens tausend Kilometer entfernt von den Gleisen, keine Straßen, keine Bahnstrecken, keine Flughäfen. Im Vergleich zur Taiga ist der Brasilianische Regenwald ein Buch mit lauter offenen Seiten, weil man immer auf den Flüssen vorankommen kann.

Nur Rentiere überleben hier

Nur Flechten und Moose halten das Tundraklima aus. Für größere Tiere gibt es hier kaum Futter, außer sie sind so extrem genügsam wie die Rentiere. Kein anderes Säugetier dieser Größe kann so weit nördlich überleben.
Im Winter ziehen sich die Rentiere in die Wälder der Taiga im Süden zurück. Dafür nehmen sie in Kauf, dass sie tausende Kilometer wandern müssen, ähnlich wie es Millionen von Tieren in Ostafrika tun.

Tundra – Das Ende der Bäume

Auf den Breitengraden von Russlands wichtigster Öl-Stadt Surgut geht die Taiga langsam in Tundra über. Je nördlicher und je kontinentaler die Lage, desto wahrscheinlicher wird es, dass keine Bäume mehr wachsen können. Es ist zu kalt und die Sommer sind zu kurz. Hier ist es nur zwei Monate des Jahres warm genug, dass Pflanzen wachsen können.
Der Boden in der Tundra ist ewig gefroren – nur im Sommer tauen die obersten Zentimeter auf. Wasser staut sich auf den in der Tiefe weiter durchfrosteten Böden. Dabei entstehen Sümpfe, weil das Wasser keine Chance hat, durch den Block des Permafrosts im Tiefengrund abzulaufen. Es bilden sich riesige Muster, weil die entstandenen Sümpfe im nächsten Winter vom Eis geradezu aufgesprengt werden, wie eine Sektflasche, die man im Tiefkühlfach vergessen hatte.

Der Gipfel der Unzugänglichkeit

Der weiße Berg, der Mount Belucha, ist 4500 Meter hoch und damit der höchste Berg Sibiriens. Einheimische verehren den Belucha und sehen in ihm eine religiöse Entität.

Das Massiv gehört zum Altai-Gebirge und liegt am Vierländereck zwischen Russland, der früheren Sowjetrepublik Kasachstan, China und der Mongolei. Auf 2000 Kilometern, zweieinhalb mal die geographische Ausdehnung der Alpen, riegeln gewaltige Bergketten die Welten voneinander ab: die letztlich europäische Sphäre des russischen Sibiriens von der asiatischen Bergwelt mit ihren so ganz anderen Bevölkerungsgruppen. Die wahre Grenze zwischen Europa und Asien verläuft im ewigen Schnee und Gletschereis des Belucha.

Nur zwanzig Kilometer südlich der Grenze, in China, im Gebiet Xinjiang, haben Geographen zudem den »Eurasischen Pol der Unzugänglichkeit« berechnet, fast 2370 Kilometer von der nächsten Küste entfernt. Entlegener geht es nicht mehr.

Kosch-Agatsch und die Micky-Maus-Ohren

Ausländer dürfen an diese ohnehin nur schwer zugänglichen Orte entlang der russischen Landesgrenzen nur mit spezieller Genehmigung reisen. Und so behalten selbst die Berge im Grenzgebiet ihre Geheimnisse meistens für sich.

Durch den kleinen Ort Kosch-Agatsch immerhin verläuft die einzig asphaltierte Straße in die Mongolei. In den Holzhäusern von Kosch-Agatsch leben vor allem Viehzüchter und ein paar Dienstleister für die, die in der Viehwirtschaft ihr Geld verdienen. Knapp 8000 Einwohner hat der Ort. Die größte Attraktion für Kinder und Jugendliche sind die endlosen Eisflächen vor der Haustür. Der letzte Schrei bei den Mädchen sind, wie überall in Russland, alle Formen von Micky-Maus-Ohren. Die Mädchen machen sich schick und laufen Pirouetten, die Jungs spielen den halben Tag Eishockey.

Immer dorthin, wo es ein bisschen weniger kalt ist

Es ist Frühling im Altai-Gebirge. Und das bedeutet, es wird Zeit für das Vieh, sein Winterlager zu verlassen. Viermal im Jahr treiben die Nomaden ihre Herden zu den gerade lohnenden Weidegründen – und im Herbst zurück ins Winterlager, wenn es hier minus 50 Grad kalt wird und keiner allein sein soll, auch kein Rindvieh und kein Schaf.

Die Nomaden folgen ihrem Vieh mit dem gesamten Hausstand. Immer dorthin, wo es gerade ein klein bisschen weniger kalt ist. Für niemanden scheint es vorstellbar zu sein, aus so einer Landschaft jemals weggehen zu wollen, mögen die Lebensbedingungen noch so karg und beschwerlich sein.

Das Loch von Mirny

Lange Jahre war die Botoubinskaya Mine in Mirny das tiefste Loch der Erde. 560 Meter. Zum Vergleich: Die Aussichtsplattform des Berliner Fernsehturms am Alexanderplatz liegt auf 200 Metern, der Eiffelturm in Paris ist 300 Meter hoch.

Für die Diamanten lohnt sich das tiefste Schürfen. Als diese Aufnahmen entstanden, stand die Mirny-Mine allerdings gerade still. Bei einem schweren Wassereinbruch tief in dem Tagebau gab es mehrere Todesopfer. Die Untersuchungen liefen noch.

Mirny hat 40 000 Einwohner, eine Straße hierher gibt es nicht, keine Eisenbahnlinie, keinen Fluss, auf dem man reisen könnte. Die Stadt ist von ihrem Flughafen abhängig. In Mirny sind es die Diamanten, aber die Rohstoffe sind überall in Sibirien der einzige Grund, warum die Kolonisation, oder wie die Russen lieber sagen: die Entwicklung der unwirtlichsten Gegenden betrieben wird. Russlands Vorkommen an Gas, Öl, Kohle, an Eisenerz und Uran, Gold, Silber, Aluminium und anderen Buntmetallen sind kaum zu übertreffen.

Der Strich in der Landschaft

In der Nähe des Amur, des früher bisweilen umkämpften Grenzflusses zwischen Russland und China, finden gerade die emsigen Bauarbeiten an Gaspipelines statt. Das Gelände ist bei Blagoweschtschensk genauso vom Permafrost betroffen wie der größte Teil von Sibirien. Die Pipelines durchschneiden das Land. Im Sommer sollen sie nicht versinken, im Winter nicht platzen.

Der Schmutz, die Kälte, das Geld

Norilsk ist die nördlichste Industriestadt der Welt, nicht weit vom Unterlauf des vielleicht schönsten sibirischen Flusses, des Jenissei.

Anfang April zeigt das riesige Thermometer über dem Haupteingang der Konzernzentrale von Norilsk Nickel minus 22,6 Grad an. Ganz Norilsk ist um den Firmensitz gruppiert, aber das ist in Leverkusen, Ludwigshafen oder Wolfsburg nicht viel anders, wo auch eine Stadt um ein Werk entstand.

Norilsk ist noch immer ein »no-go-area«. Konzernspitze und Geheimdienst FSB (die Nachfolgeeinheit des KGB) dürfen bestimmen, wer in die 170 000 Einwohner-Stadt gelassen wird. Man braucht mehrere schriftliche Genehmigungen. In Norilsk werden seit den 1920er Jahren Buntmetalle wie Aluminium oder Bauxit abgebaut. Für die heutige Chip- und Computer-Produktion braucht man so ziemlich alles, was in Norilsk abgebaut und verhüttet wird. Buntmetalle gehören zu den Giftschleudern in der Industrie, sie ver-

ursachen Umweltschäden und können die Menschen vergiften. Die Essen mit den Abgasen strecken sich hoch in die Luft, damit der giftige Fallout, der aus den Schornsteinen fliegt und nicht völlig herausgefiltert werden kann, wenigstens weit weg weht – und sich ein wenig in der Atmosphäre verteilt.
Norilsk bleibt ein gesundheitlich bedenklicher Ort. In den dreißiger Jahren es letzten Jahrhunderts wurde die Stadt von den Gefangenen eines Straflagers aufgebaut. Auf einem Hügel am Rand der Stadt ist eine Gedenkstätte eingerichtet, mit einem gespenstischen Blick über die Schornsteine. Heute werden in Norilsk mit die höchsten Löhne in der russischen Industrie gezahlt. Der Konzern unterstützt Theater, Kino und Museen in der Stadt. Auf das enorme Geld, das man mit den Rohstoffen aus Norilsk am Weltmarkt verdienen kann, wird Russland wohl kaum jemals verzichten wollen.

Polarlichter

Wo der Himmel klar genug ist, kann man das Schauspiel der Polarlichter überall hier im hohen Norden beobachten. Geladene Teilchen aus der Sonne werden vom Magnetfeld der Erde in Richtung Nordpol umgelenkt. Beim Kontakt mit der Erdatmosphäre verlieren sie ihre Energie und leuchten.

Im Reich des Wassers

Gleich neben Norilsk, einer der schmutzigsten Industriestädte, beginnt das Putorana-Plateau. Eine der seltsamsten Landschaftsformen weltweit. Das Putorana-Plateau ist nur teilweise einem offiziellen Nationalpark zugehörig. Der Park allein ist etwa so groß wie Deutschland, das ganze Gebiet etwa doppelt so groß, wobei das Plateau vollkommen unbewohnt ist.
Auch hier spielen das Wasser und der Dauerfrost eine besondere Rolle bei der geologischen Ausprägung der Landschaft. Sehr hoch auflösende Spezial-Satellitenbilder zeigen, wie die Fjorde, Seen und Wasserfälle zwischen Winter und Sommer zwar ihr Profil beibehalten, aber ihren Charakter völlig ändern. Im Winter ist es eine gefrorene Wüste aus Stein und Eis. Im kurzen Sommer ist es ein einziges Tosen und Strömen.
In das vulkanische Gestein hat das Wasser tiefe Canyons geschnitten.
Entstanden ist das Plateau in einer Phase schier endloser vulkanischer Aktivität – eine Million Jahre lang hat sich eine Schicht Lava über die andere gelegt. Um bis heute Stück für Stück wieder abgetragen zu werden.

Baikal – der wasserreichste See der Erde

Der Baikalsee ist der tiefste See der Welt. Wegen der extremen Tiefe von 1500 bis 1600 Metern fasst der Baikalsee 20 Prozent der gesamten flüssigen Süßwasservorräte unseres Planeten, etwa genauso viel, wie alle großen nordamerikanischen Binnenseen zusammen. Der Baikalsee ist 32 000 Quadratmeter groß – Belgien, Dänemark und Holland würden problemlos auf seine Fläche passen. Der Grund für die extreme Tiefe des Sees aber liegt zwischen den zwei Kontinentalplatten, die genau hier auseinander driften. Die eurasische Platte und die Amurplatte bewegen sich stetig voneinander weg und reißen so ein immer tieferes Loch in den Tiefengrund unter dem See. Jedes Jahr wird der Baikalsee dadurch zwei Zentimeter breiter.

Holidays on Ice – auf Russisch

Am Baikalsee lösen sich im Winter die Verkehrsprobleme wundersamerweise fast wie von selbst.
Mindestens sechs Monate des Jahres ist der wasserreichste See der Erde gefroren. Von Dezember bis Mai können problemlos Autos auf der Eisdecke fahren. Und an manchen Stellen auf dem See werden sogar Verkehrszeichen aufgestellt. Um den 700 Kilometer langen See herum gibt es an sich kaum Straßen und Verkehrswege. Im Winter kann der Autofahrer deshalb endlich mal Gas geben.

Buddhismus in Burjatien

Sowohl im im europäischen Russland, vor allem um Elista herum, und in ganz Sibirien trifft man auf Buddhisten. Aber in Burjatien, am Südostende des Baikalsees, findet der Buddhismus die meisten Anhänger.

Hier wohnt nach dem Glauben vieler Burjaten der Gott Khan Choto-Babai. Früher wickelten sie Stoff um die Hufe ihrer Pferde, um ihn beim Vorbeireiten nicht zu stören.

Als die Region Teil von Russland wurde, entstand gleichzeitig der Buddhismus. Anfang des 20. Jahrhunderts machte der Lama Iltigov die Religion populär. Und er ist noch immer hier. Er starb während einer Meditation 1926. Und verfügte, dass er dreißig Jahre später exhumiert werden sollte. Seine Anhänger wagten das aber erst 2002 – und fanden einen perfekt erhaltenen Körper vor. Bis heute zeigt er keine Spuren

von Verwesung und kann im Iwolginski Dazan Kloster, der größten buddhistischen Tempelanlage Russlands, besucht werden.
Die Hauptstadt Burjatiens ist Ulan-Ude. Am höchsten Punkt der Stadt thront ein buddhistischer Tempel. Unten in der Stadt dagegen dominiert noch der allgegenwärtige Lenin. Mit acht Metern ist das die größte Darstellung seines Kopfes der Welt.

Chara Sands – die kleine Wüste

500 Kilometer nordöstlich des Baikalsees liegt eine der kleinsten Wüsten der Erde – Chara Sands. Auf nur neun mal vier Kilometern formt der Wind Hügel und Täler, Dünen und Steilhänge. Entstanden ist Chara Sands während der letzten großen Eiszeit. Wasser spülte Sand aus den umgebenden Gletschern, der sich hier ablagerte. Nur zehn Kilometer entfernt steigen die Berge des Kodargebirges an. Viele seiner bis zu 3000 Meter hohen Gipfel haben nicht einmal Namen.

Die Säulen der Lena

Die »Lena Pillars«, wie die Felssäulen international genannt werden, stehen wie eine schier endlose Reihe von natürlichen Stelen entlang der Lena, des wichtigsten sibirischen Flusses. Zwischen 100 und 300 Meter ragen die Felsnadeln in den Himmel. Der Welt-Kältepol liegt ganz in der Nähe, in der Republik Sacha-Jakutien mit der Hauptstadt Jakutsk, die sich gerne als kälteste Stadt der Welt bezeichnet. Die Lenafelsen sind vom einzigen erreichbaren Verkehrsflughafen in Jakutsk allerdings noch 260 Kilometer entfernt.

Seit 2012 gehören die Felsen zum Weltnaturerbe der Unesco. Sie sind Produkt der Kälte und der Temperaturschwankungen. Gefrierendes Wasser sprengt bei bis zu minus 60 Grad die weicheren Gesteine geradezu aus der Felswand, und so bleiben am Ende nur die Nadeln, die über die Lena schauen.
Die Lena ist auf 3500 Kilometer schiffbar. Allerdings erst ab Juni – bis dahin erstarrt sie in Eis. Gut tausend Kilometer stromabwärts mündet sie in einem riesigen Delta in den Arktischen Ozean.

Die endlose Mündung des Amur

Am Ende seiner fast 3000 Kilometer wird der Amur zu so etwas wie einem Gesamtkunstwerk – wie gemalt und geplant wirken die Grün-, Gelb- und Brauntöne des endlosen Schwemmlands in der Amurmündung. Hier im fernen Osten Russlands lebt statistisch gesehen pro Quadratkilometer nur ein Mensch. Entlang des Amur aber dürften es noch weniger sein. Der Fluss weitet und verengt sich mit dem Wechsel der Jahreszeiten – ein unendliches Sumpfland, das kaum bewohnbar ist. Und wenn, dann lebt man auf einem Hausboot und ist Fischer.

Im September wandern über elf Millionen Lachse aus dem Meer den Amur hinauf. Um ihre Eier abzulegen, schwimmen die Lachse über tausend Kilometer stromaufwärts. Und die Fischer warten schon auf sie. Wie auch die Braunbären. Am Ende suppt das Wasser des Amur gegenüber der Insel Sachalin in den Pazifik.

Das San Francisco Russlands

In der Bucht des Goldenen Horns liegt Russlands östlichste Großstadt: Wladiwostok mit seiner gigantischen Russki-Brücke. Wegen der Lage an der Bucht und den steilen Hügeln wird die Stadt oft das San Francisco Russlands genannt. Und so gibt es hier auch bunt angemalte Holzhäuser und natürlich Cable Cars. Wladi-Wostok heißt übersetzt »beherrsche den Osten«. Früher war die Stadt als Sitz der russischen Pazifikflotte ein wichtiger Militärstützpunkt. Als Russlands größter Hafen am Pazifik wird Wladiwostok inzwischen aber immer wichtiger. Nur einen Katzensprung entfernt liegen Asiens Wirtschaftsgiganten China, Korea und Japan. Die transsibirische Eisenbahn braucht von Moskau bis hierher sieben Tage. Der anschließende Flug nach Tokio dauert kaum mehr als eine Stunde.

ПРОФЕССОР ХРОМОВ

TEIL 3

Vom Weißen Meer
bis zum Goldenen Horn:

Russlands arktische und pazifische Küsten

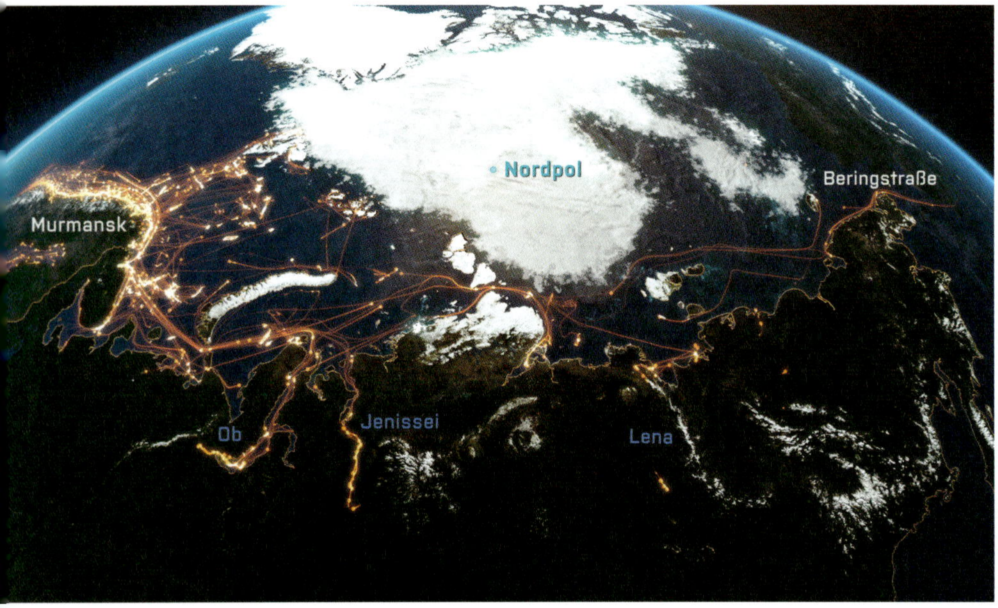
Nordpol
Beringstraße
Murmansk
Ob
Jenissei
Lena

Von Murmansk durchs Eis

Murmansk liegt aus europäischer Sicht am Eingang der Nordostpassage. Die Stadt umgibt etwas Geheimnisvolles, hauptsächlich wohl, weil Militär und Geheimdienste sie bis 1991, dem Ende der Sowjetunion, zum Sperrgebiet machten. Bis heute müssen Ausländer eine Einreisegenehmigung beantragen. Rosatomflot, die Flotte atomgetriebener Eisbrecher, ist im Hafen von Murmansk ebenso stationiert wie die Nordflotte. Dennoch wirkt die Geheimnistuerei der Dienste in Murmansk eher wie Beschäftigungstherapie.

Wegen der Lage an den letzten Ausläufern des warmen atlantischen Golfstroms friert der Hafen relativ selten zu.

Einst Nordostpassage genannt, heute eher als Northern Sea Route (NSR) geläufig, wird die Passage inzwischen selbst im Winter schiffbar gehalten. Dazu machen die Eisbrecher der Atomflot in Konvois einem bis drei Schiffen den Weg frei.

Mit 80 000 PS um die Welt

Angesichts des Klimawandels und der im Polarmeer sinkenden Durchschnittstemperaturen promotet Russlands NSR-Agentur die Nordstrecke entlang der arktischen russischen Küste und durch die Beringstraße in den Pazifik als günstigere und bessere Alternative für Containerschiffe und Tanker. Tatsächlich ist die Strecke von Japan, Korea und China nach Rotterdam, Hamburg oder London um etwa ein Drittel kürzer als die südliche Route an Indien und dem Horn von Afrika vorbei, durch den Suezkanal und die Straße von Gibraltar. Der Haupttransportweg der Erde würde sich also erheblich verkürzen. Andererseits warnen Umweltschützer vor den Risiken der nicht-atomgetriebenen Schiffe in den besonders empfindlichen kalten Polargewässern. Eisbrecher wie die »Jamal« haben an die 80 000 PS und können fünf Jahre ununterbrochen unterwegs sein, ohne Kernbrennstoffe auswechseln zu müssen.

Vom Kloster zum Gulag

Das Kloster Solowezki liegt mit seinen acht Türmen weithin sichtbar auf der gleichnamigen Insel im Weißen Meer, nahe der Barentssee. Im Winter friert das Meer komplett zu. Das Kloster und die Insel gehörten zu den ersten Orten, die von der Unesco zum Weltkulturerbe erklärt wurden.
Das Kloster, 1436 gegründet, beherbergte im späten Mittelalter 300 Mönche, beschäftigte 700 Bauern und Handwerker und deren Familien und man betrieb Handel.

Doch seine traurige Berühmtheit erlangte das Kloster zu einer späteren Zeit. Sowjet-Diktator Josef Stalin ließ ab 1923 die Mönche vertreiben und das erste Arbeitslager der damals noch jungen UdSSR einrichten. Über diesen ersten GULAG schrieb Literatur-Nobelpreisträger Alexander Solschenizyn in seinem berühmten Berichtsroman *Der Archipel Gulag*. In dem Lager, von dem nur wenige der Holzgebäude erhalten sind, kamen Zehntausende Gefangene um. Heute leben wieder Mönche im Kloster Solowezki.

Puppenstuben im Eis

Acht Monate im Jahr ist Jamal nichts als weiße Weite. Bis zu minus 50 Grad kalt wird es im Winter auf der großen Halbinsel im Arktischen Ozean. Trotzdem leben hier Menschen. Wenn die Nenzen, die Nomaden von Jamal, umziehen, dann sieht das ungefähr so aus: Nach der Ankunft am neuen Lagerplatz liegt das Wohnzelt einer Familie so offen da wie die Elemente einer Puppenstube – mit dem großen Herd in der Mitte. Die Nenzen, wie die Ureinwohner der polaren Regionen Russlands heißen, sind Familienmenschen.

Rentiere bestimmen, wohin die Nenzen ziehen

Wann und wo die Zelte aber auf- und abgebaut werden, bestimmen meist die Rentiere. Von ihnen hängt das Leben der Nenzen ab. Sie bieten ihnen Nahrung und Kleidung – und mit Glück noch ein kleines Einkommen. 700 000 Rentiere wandern jeden Sommer und Winter an die tausend Kilometer über die Halbinsel.

Mit ihren scharfen Hufen können die Rentiere Eis und Schnee wegkratzen – und so an die Flechten und Moose darunter gelangen. Das macht sie hier überhaupt nur überlebensfähig. Und die Tiere wissen am besten, auf welchen Wegen es sich gerade lohnt, weiterzuziehen. Es gibt noch 41 000 Nenzen, aber nur die Hälfte von ihnen reist noch immer mit den Tieren durch die Kälte. Wenn die Kinder schulpflichtig werden, verlassen sie die Familie und gehen in Internaten zur Schule. Die Zahl der Rentierhalter nimmt gerade wieder zu, denn die Nachfrage nach Rentierfleisch steigt. Aber das Land verändert sich.

Pipelines im Nichts

Seit Jahren ist bekannt, dass unter der Halbinsel von Jamal riesige Erdgasvorkommen lagern. Die Pipelines sind aufgeständert, weil sie sowohl im Sommer stabil sein müssen, wenn die obersten Schichten des Permafrostbodens aufgetaut sind, als auch im Winter, wenn von Oktober bis Mai strengster Frost herrscht. Die Konstruktionen durchschneiden große Teile von Jamal. Oft auch die traditionellen Zugwege der Rentiere, von denen das Überleben der Nenzen abhängt. Die Pipelines verteilen das Gas, auch über die Nordstream-Pipelines unter der Ostsee, nach Deutschland und ganz Europa – über 4000 Kilometer.

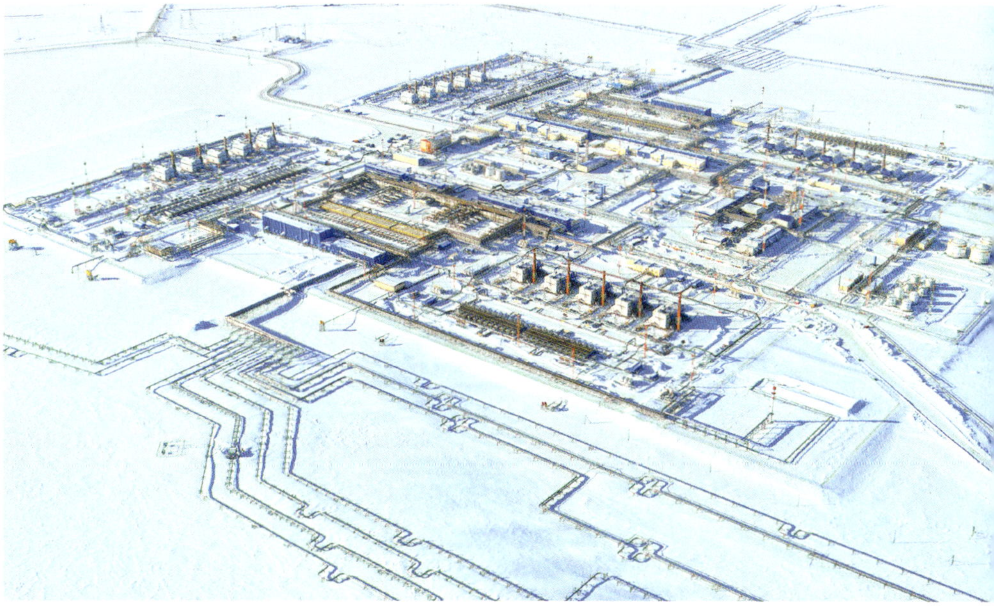

Eine Stadt wie eine Platine

Unter dem permagefrosteten Boden liegen unermessliche Reichtümer – allein ein Viertel der weltweiten Erdgasreserven. Rund um den Retortenort Bowanenkowo, weit nördlich des Polarkreises, wird Erdgas aus bis zu tausend Bohrstellen gewonnen, gereinigt und transportiert – alles in einer hypermodernen, vernetzten Fabrik, deren Grundriss aus der Luft nicht zufällig an eine Computer-Platine erinnert. 20 000 Menschen arbeiten hier und finden Unterkunft. Bowanenkowo bietet einen Flughafen für große Jets, Krankenversorgung, eine Schule und eine Kirche mit Zwiebelturm. Viele der Arbeiter werden, wie an vielen entlegenen Minen-Standorten in aller Welt, zeitweilig eingeflogen.

Flüssiges Gas

An der Ostküste der Halbinsel von Jamal liegt der Hafen Sabetta. Auch Sabetta ist aus dem Nichts entstanden, um die Verschiffung der Gas- und Ölprodukte zu arrangieren. Der Flughafen von Sabetta ist derzeit – nach Passagierzahlen – der am schnellsten wachsende in ganz Russland. Aber Linienflüge gibt es nach Sabetta kaum. Fast ausschließlich bringen die Öl- und Gasunternehmen Mitarbeiter und Gäste mit geschlossenen Charterflügen hierher. Das Gas aus den endlosen Pipelines wird hier verflüssigt, um es auf sogenannten LNG-Tankern (liquefied natural gas – verflüssigtes Naturgas) in alle Welt zu verschiffen. Ähnlich wie bei Erdöl. Zur Verflüssigung sind hoher Druck und sehr niedrige Temperaturen (die es hier während drei Viertel des Jahres ohnehin gibt) erforderlich. Die LNG-Tanker von Sabetta sind selbst als Eisbrecher armiert.

Das Lenadelta aus dem All

2000 Kilometer weiter östlich mündet Sibiriens mächtiger Fluss Lena in einem riesigen Delta ins Polarmeer. Die großen sibirischen Ströme sind wegen ihres Wasserreichtums meist bis tief ins Festland hinein befahrbar, sogar für hochseetüchtige Schiffe. Die Lena können sie über 3000 Kilometer weit flussaufwärts fahren, beinahe bis in die Region des Baikalsees ganz im Süden von Sibirien.

Das wild zerrissene Delta der Lena zeigt aber vor allem die Erosion des Landes und der Küsten durch den

Permafrost. Im Sommer taut nur die oberste Schicht der Erde auf. Da der Boden in der Tiefe darunter aber gefroren bleibt, kann das Schmelzwasser nicht versickern. Im Herbst steht deshalb Wasser in den sumpfigen Löchern und sprengt beim Gefrieren immer größere Krater in den den Boden, deren Größe man inzwischen aus dem All erkennen kann, als typisches Muster des Permafrosts. Ingesamt liegen 65 Prozent des russischen Territoriums in Zonen, in denen der Permafrost herrscht.

Tiksi oder: Der Plan ging nicht auf

Gleich östlich des Lenadeltas liegt die kleine Stadt Tiksi. Sie und ihr Hafen wurden in den 1930er Jahren gegründet und sollten das nördliche Tor nach Sibirien werden. Doch nicht jeder Plan der Sowjetunion ging auf. Auf der Lena kommt man von hier bis nach Jakutsk und weiter ins Land. Dabei ist der Hafen nur drei Monate im Jahr eisfrei, doch auf auf der gefrorenen Lena können selbst schwere Lkw problemlos fahren. Als aber in den 1950er Jahren das Hinterland von Sakha Jakutien an die Eisenbahn angeschlossen wurde, verlor Tiksi schnell an Bedeutung. In der Wirtschaftskrise nach dem Ende der Sowjetunion verließ die Hälfte der Einwohner die Stadt. Doch viele sind geblieben – und manche junge Familien ziehen auf dem entlegenen Außenposten Kinder groß. Es gibt Hoffnung für das Städtchen in der Arktis. Der Seehandel soll mithilfe der modernen Eisbrecher und der arktischen Seeroute vorangebracht werden. Und so glauben die Menschen, dass es bald wieder mehr Arbeit gibt und ihr Hafen sie wieder mit der Welt verbindet.

Russland trifft Amerika

Die größten Bestände von Walrossen weltweit versammeln sich nördlich und südlich entlang der Beringstraße. Nur 88 Kilometer liegen zwischen Chukotka auf der russischen Seite und Alaska auf der nordamerikanischen. Und drei Viertel des Jahres ist die Beringstraße vereist. Der Weg übers Eis war für wandernde Menschen und Tiere deshalb nie so versperrt, wie eine Zeitlang der Kalte Krieg zwischen West und Ost es weismachen wollte.

In der Mitte der Beringstraße liegen zudem die beiden Diomedes-Inseln, die größere russisch, die kleinere US-amerikanisch. Beide unbewohnt.

100 000 Walrosse in einer Kolonie

An der Nordküste von Chukotka im Polarmeer versammeln sich ab dem späten Frühjahr zwischen Mys Schmidta (nach seinem deutschen Namensgeber auch Cape Schmidt genannt) und den Forschungs- und Fischfangorten wie Wankerem oder Uelen unglaubliche Mengen von Walrossen. Im späten Herbst verschwinden sie wieder aufs offene Meer. Walrosse ernähren sich hauptsächlich von Krin am flachen Meeresboden. In manchen Kolonien kommen an die 100 000 Tiere zusammen. Außer durch ein paar Forschungsschiffe werden die Meeressäuger hier kaum gestört.

Die Klima-Straße

Etwas weiter nördlich liegt das Nadelöhr der Beringstraße. Hier vermischt sich das salzärmere Wasser des Pazifiks mit dem salzreicheren Wasser des Arktischen Ozeans. Durch den Austausch der Gewässer entsteht ein steter Strom, der sich durch das ganze Polarmeer zieht – bis hin zum Atlantik.
Auch der von dort kommende warme Golfstrom ist an dieses System angeschlossen. Er wärmt auch das Polarmeer und sorgt dafür, dass beispielsweise Murmansk ganzjährig eisfrei bleibt oder in Devon in Südengland Palmen wachsen. Doch wenn das Eis an den Polkappen schmilzt, wird das Polarmeer immer weniger salzig und die Strömungen verändern sich – mit möglicherweise katastrophalen Folgen für das Weltklima.

Kommandeurinseln

Vor der Ostküste von Kamtschatka liegen die Kommandeurinseln Beringa und Medny, die zum Inselbogen der vulkanisch entstandenen Aleuten gehören. Die Inselgruppe zieht sich in östlicher Richtung bis nach Alaska.

Für Seebären, Seehunde und Robben sind die abgelegenen, unbewohnten Inseln ein beliebter Ort, Nachwuchs zu bekommen. Wenn die Seebären-Kinder an die vier Monate alt sind und sich begeistert in den Meerwasserpools tummeln, sind die Elterntiere schon wieder in die nächsten Jagdgründe weitergewandert, südlich an der Küste entlang bis in die Region um die Mündung des Amur-Stroms und der Insel Sachalin. Der Kindergarten kommt instinktiv alleine klar. Der Nachwuchs bleibt bis zum nächsten Sommer fast ausschließlich im Wasser – da ist man am sichersten. Auch die Kleinen werden irgendwann nach Süden ziehen müssen. Und wahrscheinlich wird nur die Hälfte diese erste Reise überleben.

Petropawlowsk mit Surfern

Der Hafen von Petropawlowsk auf Kamtschatka liegt am östlichen Ende Russlands. Es gibt kaum einen Ort auf der Halbinsel, von dem aus man nicht mindestens einen ihrer 159 Vulkane sehen würde. 29 von ihnen gelten als aktiv und die schmauchenden, bilderbuchhaften Kegel sorgen dafür, dass man diese Aktivität ernst nimmt. Die Halbinsel zwischen dem Beringmeer und Japan hat in etwa die Größe von Deutschland, aber es leben hier nur 300 000 Menschen. Mehr Wildnis gibt es nirgendwo, nicht einmal in Russland. Knapp zwei Drittel der seit Jahren schrumpfenden Bevölkerung leben in der Inselhauptstadt Petropawlowsk, die meisten von Fischerei und der Verarbeitung ihres Fangs in Konserven. Der Hafen gilt als größter Naturhafen der Welt, aber die geographische Lage lässt hier kaum Industrie zu. Der Pazifik kann hier im Sommer fast so

aussehen wie in Kalifornien. Und wo der Pazifik ist, gibt es Wellenreiter. Die Community der Surfer ist in Russland noch nicht sehr groß, aber die Szene macht mit wilden Wettbewerben an verschneiten Stränden schwer Eindruck bei den Kollegen aus den wärmeren Stammgebieten des Surfens. Und Kamtschatka ist das Hawaii der russischen Wellenreiter.

Lachsfischen im Bärenland

Ganz im Süden, wo die ersten drei Inseln des Kurilen-Bogens in Sichtweite sind, mündet das Flüsschen Osnorjana ins Ochotskische Meer. Jedes Jahr im Hochsommer wird hier dasselbe Naturschauspiel aufgeführt: Die Braunbären von Kamtschatka warten jetzt an den Stränden bei der Flussmündung auf die Ankunft der Lachse. Alle sechs Pazifik-Lachsarten kommen zum Laichen nach Kamtschatka und in die Flüsschen, vor allem aber in den großen Kurilen-See, eine alte Vulkan-Caldera. Für Braunbären ist es ein Festschmaus, auch wenn es ihn eben nur einmal im Jahr gibt.

Kamtschatka-Vulkane

2013 brachen vier der größten Vulkane Kamtschatkas gleichzeitig aus. Wissenschaftler vermuten, dass die Magmablasen der Vulkane in der Tiefe miteinander verbunden sein könnten. Geologisch entsteht der Vulkanismus auf Kamtschatka – und ebenso auf dem südlich sich anschließenden Kurilen-Inselbogen – durch die Subduktion der tektonischen Platten; die eurasische und die pazifische Platte treffen hier aufeinander, die eine schiebt sich dabei unter die andere. Es entstehen so enorme Reibungen und Druckverhältnisse, dass sogar Gesteine schmelzen und als Lava an die Oberfläche drängen.

Die Kamtschatka-Halbinsel ist weltweit der Ort mit der größten Vulkandichte, die Höhe der Kegel ist außergewöhnlich. Der Kljutschewskaja Sopka im Norden ist 4750 Meter hoch – und damit der höchste Vulkan Eurasiens. Zugleich gibt es Landschaftsformen aus allen Entwicklungszyklen von Vulkanen, etwa den mit türkisfarbener Schwefelsäure vollgelaufene Riesenkrater des Gorelyi.

Magadan und die menschenlose Küste

Die Küste des Ochotskischen Meeres, das durch Kamtschatka und den Kurilen-Bogen vom Nordpazifik abgetrennt erscheint, ist die vielleicht unberührteste, einsamste Küste der Welt. Zwischen dem Hafenstädtchen Magadan im Norden und der ehemaligen Strafkolonie Sachalin im Süden gibt es kaum menschliche Besiedlung, kaum menschengemachte Strukturen. Auf Sachalin wird heute dagegen Öl und Gas gewonnen. Das Meer ist hier bevölkert von Grau- und Buckelwalen, von Belugas und Orcas und von so ziemlich allen großen Meeressäugetieren. Riesenseeadler brüten auf spektakulären Felssäulen und patrouillieren durch ihr Revier, die Küsten entlang, Braunbären jagen im Wattenmeer Fische, und Rentiere wandern ungestört durch die endlosen Schwemmgebiete entlang der Strände.

Tjulenyi-Insel bei Sachalin

Die Zahl der Bewohner auf dem Eiland Tjulenyi, vor der Südostküste der viel bekannteren Hauptinsel Sachalin gelegen, schwankt verblüffend. Im späten Frühjahr mag die Insel so gut wie unbewohnt von Tieren sein, dann aber, im Hochsommer, sammeln sich auf dem Felsen nicht nur Zehntausende von Trottellummen, wie man sie auch von Helgoland und aus Schottland kennt, sondern auch an die 100 000 Seebären. Die bekommen hier ihren Nachwuchs und am Strand gibt es regelrechte Kindergärten, in denen die schwarzen Kleinen in Gruppen zusammenbleiben. Das ist für sie sicherer, weil die wuchtigen, schwerfälligen Männchen den eigenen Nachwuchs im allgemeinen Gewimmel gerne versehentlich zerquetschen. Die Muttertiere sind jetzt pausenlos auf Nahrungssuche, um genug Milch für die Kleinen zu haben.
Tjulenyi ist kaum mehr als einen halben Quadratkilometer groß.

Das Galapagos des Nordens

Es mag nicht auf Anhieb nach Frühsommer aussehen, aber hier im Polarmeer, vor der kleinen Insel Wrangel ist die Packeisschmelze ein Meilenstein im Lauf der Jahreszeiten. Wrangel wurde nach einem baltisch-deutschen Naturforscher benannt und von der Unesco zum Weltnaturerbe erklärt. Auf der Suche nach passenden Etiketten nennen viele die Insel in der Nähe der Beringstraße auch das »Galapagos des Nordens«. Wrangel ist der Ort, an dem die letzten Mammuts weltweit lebten, ehe sie auch hier ausstarben. Für Eisbären ist das Schwimmen im drei bis vier Grad kaltem Wasser die beste Erholung.

Die Kinderstube der Eisbären

Die kleine Insel Wrangel – wenn Russland irgendwo zu Ende ist, dann hier. Nicht nur die Eisbären sind eine Weltattraktion, sondern auch die rund tausend Moschusochsen, die hier leben. Wenn die Eisbären-Mütter im Frühjahr aus ihren Geburtshöhlen kommen, haben sie meist fast vier Monate lang nichts mehr fressen können und sehen schwach und abgemagert aus. Es beginnt dann ein Wettlauf mit der Zeit, weil die Mütter mit ihren Jungen schnell die Küste erreichen müssen, um dort zu jagen. Nur so haben sie eine Chance, auf der wilden abgelegenen Insel zu überleben. Andererseits gibt es kaum einen Ort weltweit, der Eisbären so gute Überlebenschancen bietet. Jeden Winter bekommen auf Wrangel rund 200 Eisbärinnen Nachwuchs. Doch der Klimawandels wird die kleine kalte Welt der Eisbären vielleicht schon bald verschwinden lassen.

1. Auflage 2018

www.hoca.de

Satz und Layout: Waldemar Schmidt, Hoffmann und Campe
Gesetzt aus der Janson LT und der Vialog LT
Druck und Bindung: DZS Grafik, Slowenien
Printed in Slovenia
ISBN 978-3-455-00477-9

HOFFMANN
UND CAMPE

Ein Unternehmen der
GANSKE VERLAGSGRUPPE